点亮技能之光

学习指导与实践

中国劳动社会保障出版社

内容简介

本书供技工院校学生配套《点亮技能之光》使用，包括 4 个学习任务和 1 个综合实践活动，帮助学生明确学习目标、梳理学习内容、巩固学习效果。

本书由王臻、翟松辉、宋超超、陈图南编写。

欢迎各技工院校教师通过教学实践反馈具体意见，共同完善本书。

图书在版编目（CIP）数据

点亮技能之光学习指导与实践 / 王臻等编写 . -- 北京：中国劳动社会保障出版社，2023

ISBN 978-7-5167-5983-7

Ⅰ. ①点… Ⅱ. ①王… Ⅲ. ①技术教育 - 教学研究 Ⅳ. ① G712

中国国家版本馆 CIP 数据核字（2023）第 126261 号

中国劳动社会保障出版社出版发行

（北京市惠新东街 1 号　邮政编码：100029）

*

北京宏伟双华印刷有限公司印刷装订　　新华书店经销

787 毫米 × 1092 毫米　16 开本　5 印张　67 千字

2023 年 7 月第 1 版　　2023 年 7 月第 1 次印刷

定价：12.00 元

营销中心电话：400-606-6496

出版社网址：http://www.class.com.cn

http://jg.class.com.cn

目　　录

第一章

生于忧患　致力图强

学习导引

【本章概览】

在漫长的历史长河中，人类通过劳动不断地探索并改造着世界。从一开始尝试用天然的材料制作生活用品到逐渐掌握一定的生产技能，人类得以生存，生活质量不断提高。

在中华民族浩瀚的历史中，工匠是一种伟大的存在。“如切如磋，如琢如磨”，是《诗经》中对工匠制作骨器、象牙、玉石时所表现出来的一丝不苟、精益求精精神的生动描写。“运斤成风”“鬼斧神工”“庖丁解牛”是《庄子》中对工匠出神入化技艺的真实写照，也是对他们追求卓越的由衷赞美。

近代以来，在西方列强的坚船利炮下，中华民族遭受了深重苦难。众多志士仁人怀着救世、济民、兴国的梦想，在中国大地上掀起实业救国热潮，旨在发展新型工业以增强国力。同时，他们深刻认识到，要想发展民族工业，必须同步培养技术工人。

1868 年，第一所技工学校——艺圃，肩负着“自强”“求富”的历史使命，承载着“救亡图存”“富国裕民”的举国诉求，诞生于福建马尾。中国近代技工教育发端即与国家民族命运紧密相连，担负着重大历史责任。学校先后建造出我国第一艘千吨级轮船、第一台蒸汽机、第一艘钢甲巡洋舰……自此以后，薪火传衍，教泽绵绵，蔚然成风。

抗日战争时期，应战争需要，八路军总部兵工部创办了以专门培养兵工人才为主的太行工业学校，还有不少训练班、干训队、工人学校，培养了大量战争和工业化所需要的技术工人。这些技术工人为支援抗战提供了有力的物质保障，作出了巨大贡献。

▲ 福建船政学堂（照片下部和右中部平房分别为工人住宿的西考工所和东考工所，照片左中部为船政后学堂，位于船政后学堂和东考工所中间的平房院落就是艺圃）

随着社会的不断发展，社会分工越来越细，劳动的形态也发生着变化。每一种劳动都有其独特的价值与意义，每一名劳动者都在建设着我们生活的美好世界，多姿多彩的劳动与劳动者共同勾画了一卷生动壮丽的人类社会发展史。技术工人队伍始终是我们建设社会主义现代化国家的重要支撑力量，技工教育肩负着为社会主义现代化建设培养更多高素质技术技能人才、能工巧匠、大国工匠的重要使命。

在这一章中，同学们将深入认识劳动与技能，了解技工教育诞生的历史背景及其历史使命，感悟在风雨如晦的年代里，无数先辈在追求民族富强、发展民族工业过程中所展现出的爱国主义、自强不息的伟大民族精神。在先辈们伟大精神的感召下，新时代的你们应该如何认识自己、定位自己？应该树立怎样的理想？如何勾画未来的美好生活？这些问题留给同学们思考，相信在完成学习任务后，同学们会得出自己的答案。

本章关键词：劳动　技能　工匠　爱国主义　自强不息　民族精神　家国情怀　第一所技工学校　战争时期的技工教育

【背景链接】

中华文明是人类最古老的文明之一。在漫长的历史长河中，我国古代涌现了大量能工巧匠，其技艺之高超，作品之精美，创造了辉煌灿烂的古代物质文明。直到鸦片战争之前，我国在历史上始终位列世界第一制造大国，制造的产品除了满足国内的日用需求，更远销世界，成为中华文化流传四海的重要载体。

从 1840 年开始，西方列强通过对中国的多次侵略战争和其他方法，强迫中国割地、赔款，贪婪地攫取种种特权。代表地主阶级和买办资产阶级利益的清政府，日益成为外国资本主义统治中国的工具，近代中国逐渐成为半殖民地半封建社会。清朝统治阶级中的一些当权人物看到坚船利炮的巨大威力，推行以“自强”“求富”为目标的洋务新政，创办了一批官办军事工业，其中船政大臣沈葆桢为培养技术工人设立了中国历史上第一所技工学校——艺圃。

1911 年 10 月爆发的辛亥革命，推翻了清王朝统治，建立了中华民国，结束了统治中国两千多年的君主专制制度。而在帝国主义和国内反动势力的支持下，以袁世凯为首的北洋军阀窃取了辛亥革命的果实，初生的资产阶级共和国只存在了几个月即告夭折。中国陷入四分五裂的军阀割据和军阀混战之中，在半殖民地半封建社会的深渊中愈陷愈深。

第一次世界大战期间，西方主要帝国主义国家忙于在欧洲战场厮杀，暂时放松对中国的经济侵略，中国民族资本主义经济得到比较迅速的发展，工人阶级和民族资产阶级的力量进一步壮大。据统计，从 1913 到 1920 年，全国纺织、食品、印刷、机械等 10 个行业的机器厂从 698 所增至 1 759 所。

五四运动前夕，产业工人已达200万人左右。

抗日战争和人民解放战争重新塑造了中国工业的发展路径，能够直接或间接为战争提供武器的军工、钢铁、机械、化工等重工业部门得到了扩张。中国共产党领导广大军民因陋就简地在根据地开展工业活动，这些自力更生发展工业的努力如同星星之火，蕴藏着燎原之势。

学习任务

◎ 认识劳动　探秘工匠 ◎

▲ 劳动创造了世界

千百年来，人类通过辛勤的劳动，创造了丰富的物质文明与璀璨的精神文明，书写了一部灿烂辉煌的历史，推动着社会不断进步，生活水平不断提高，人们的生活愈加美好。

在这个任务中，我们将一起认识劳动的价值，探秘历史上的著名工匠，了解技工教育诞生的历史背景，体悟技工教育的历史使命。你将会发现：是劳动创造了世界，千千万万的劳动者是创造历史的真正英雄；是技能让人类摆脱蛮荒，使人类得以生存并不断提高生活质量；技工教育自诞生起就肩负着民族自立自强的历史使命，饱含着自强不息的中国人民探寻民族复兴的家国情怀。

【任务准备】

1. 课前分组

学生分为“古代工匠”“古代工艺”“大国重器”“当代工匠”四组，搜集相关信息，并确定一名代表准备做课堂展示（时间 3~5 分钟）。

（1）“古代工匠”组：搜集我国历史上著名工匠的相关信息，包括但不限于名字、年代、主要经历与贡献等。

（2）“古代工艺”组：搜集我国古代代表性文物的相关信息，包括但不限于文物名称、年代、制作工艺与流程、文物价值等。

（3）“大国重器”组：搜集我国当代大国重器的相关信息，包括但不限于产品名称、生产部门、主要贡献等。

（4）“当代工匠”组：搜集我国当代高技能人才、大国工匠的相关信息，包括但不限于名字、工种、主要经历与贡献等。

2. 素材准备

各小组搜集的图片、视频短片，制作的演示文稿等。

3. 视频资料

中央电视台文博探索节目《国家宝藏》片段。

中央电视台纪录片《国家记忆》之《烽火销烟兵工路》。

【任务实施】

1. 认识劳动

看一看以下图片里的都是什么，将其名称填写在图片下方的横线上。同时思考：是什么驱动着人类从洪荒走向现代文明？是什么让人类变得如此强大？是什么支撑着人类社会稳步繁荣兴盛、日新月异？

故宫 ________________

____

这种能够改变世界的力量是__________________。

2. 探秘工匠

知者创物，巧者述之守之，世谓之工。百工之事，皆圣人之作也。

——《周礼・冬官考工记》

（1）阅读教材，找一找课文中提到了哪些我国历史上的工匠，并填写下面的表格。

名字	年代	发明与创造

（2）请“古代工匠”组选定一名代表，展示小组研究成果。

通过他们的展示，你还知道了哪些历史上的著名工匠？请填写下面的表格。

名字	年代	发明与创造

（3）请“古代工艺”组选定一名代表，展示小组研究成果。

画出一件令你印象最深刻的古代文物。它的名字是______________，它的年代是______________，距今已____________年。

（4）通过下表中的具体情境，感悟工匠精神的具体内涵，并选择相应的关键词填写在表格中。

情境	工匠精神	关键词
《庄子·达生》曾记载：“梓庆削木为鐻（音jù），成，见者惊犹鬼神。”说的是鲁国一木匠梓庆削刻木头制作乐器架，做成以后，看见的人无不惊叹好像是鬼神的工夫。鲁侯见到便问他，说：“你用什么办法做成的呢？”梓庆回答道：“我准备制作鐻时，从不随便耗费精神，必静养心思，不为外物所动，仿佛忘掉了自己的四肢和形体。这个时候，外界的扰乱全都消失。然后我便进入山林，观察各种木料的质地，选择好外形最合适的，然后动手加工制作。”		执着专注 精益求精 一丝不苟 追求卓越 凝心聚神 物我两忘 心无旁骛 久久为功 真心热爱 不懈追求 勇于创新 家国情怀 （可补充）
钳工顾秋亮徒手就能感知0.2丝的误差，相当于一根头发丝的1/50。他把玻璃与金属窗座的安装精度控制在0.2丝以内，“蛟龙”号观察窗才得以承受1 400吨的压力		
铣工李峰加工的部件是火箭“惯组”中的加速度计。“惯组”器件中每减少1微米的变形，就能缩小火箭在太空中几公里的轨道误差。1微米大约是头发丝直径的1/70，这是目前人类机械加工技术都难以靠近的精度。在高倍显微镜下手工精磨刀具是李峰的绝活。李峰磨制刀具时心细如发，探手轻柔，他所有的功力都汇聚在手上，那一双看似慢条斯理却又精巧灵动的手，一面拨轮，一面按刀，以无穷的耐心磨下去……		

（5）对于工匠精神，写下令你印象最深刻的词语。

（6）请“大国重器”组选定一名代表，展示小组研究成果。

通过他们的展示，你知道了哪些大国重器？请填写下面的表格。想一想，在每一件大国重器的背后，隐藏着哪些工艺或技能，试着在表格中写下来。

名称	价值	工艺或技能

（7）请“当代工匠”组选定一名代表，展示小组研究成果。

通过他们的展示，你知道了哪些当代工匠？请将你印象最深的人物姓名、工种、工作单位及其杰出技能记录下来。

3. 体悟使命

（1）我国第一所技工学校是在怎样的历史背景下诞生的？请在以下词语中圈出能够代表当时背景的关键词。

洋务运动　“自强”“求富”　民族危亡　救亡图存　“数千年未有之变局”

（2）历史探究：总结洋务运动的发生背景、具体实践以及历史评价。

（3）阅读教材，填写下面的空格。

我国第一所技工院校是______年成立的__________，位于__________。学校成立后陆续造出了我国第一艘____________、第一台____________、第一艘____________。

▲ 我国第一艘千吨级轮船——万年清号（模型）

▲ 我国第一艘钢甲巡洋舰——平远舰（模型）

（4）观看纪录片《国家记忆》之《烽火硝烟兵工路》第四集《激战黄崖洞》，结合下面内容，回答问题。

在简陋的条件下，没有技术人员，不懂物理知识，工人们互相商量，开会研究，刘贵福画草图、制模具，有人负责钳工，有人负责机械加工……大家各司其职，3 个月后竟然真的试制出了第一支步枪。

“全凭一把土锉刀，太行山上出英豪，夺了边区状元印，新华日报天天飘。”这是当时在黄崖洞兵工厂流传的顺口溜。白手起家、土法上马、集思广益，黄崖洞兵工厂里，那些粗糙的手学会了制图、操作机床。捡回的弹壳、缴获的钢盔、日军运输线上的铁轨，都成了制造原材料，军火产量最高时达每月 3 000 发炮弹。作为八路军在敌后最大的兵工基地，当时黄崖洞兵工厂的年产武器可以装备 16 个团。

1）在当时如此简陋的条件下从事兵工生产，技术工人们面对的困难有哪些？

2）技术人工们是如何解决这些困难的？

3）军工生产对抗战胜利起到了哪些作用？

★学习收获★

围绕本章关键词，谈谈你有哪些收获，请记录下来。

我知道了：

让我感悟最深的：

对我以后的帮助：

课后实践

◎ 大国工匠面对面 ◎

学校技能节将邀请一位大国工匠到校举办讲座。你作为学生会的一员，老师安排你对这位大国工匠进行一次深度访谈。（提示：可以选择一位与你的专业领域相同的大国工匠，进行模拟采访。）

你在接到这一任务后，首先向老师了解这位大国工匠的基本信息，接着通过网络搜索对这位大国工匠的经历、事迹做了更进一步的了解，搜集了有关资料。

接下来，你需要列出采访提纲。

请按照以下指引，最终列出你的采访提纲。

采访人物基本信息：
采访目的：
采访主题：

问题设计：

注意事项：

第二章

服务建设　蓬勃兴起

学习导引

【本章概览】

1949 年 10 月 1 日，五星红旗飘扬的天安门广场，见证了崭新的人民共和国的诞生。由于连年的战争，国民经济受到了严重的破坏。摆在新中国面前的是一个千疮百孔的烂摊子：百业凋零，生产萎缩，民生困苦，满目疮痍。

失业，是最沉重的包袱之一。在中国共产党“全心全意为人民服务”的根本宗旨指引下，学技能、促就业，大城市中轰轰烈烈地开展起培训。通过转业训练，提高失业人员素质，带来社会劳动生产率的提升，也为国家进行大规模的经济建设提供了技术支撑。人们通过培训获得了工作，生活有了保障，生活水平有了提高，更加拥护新生的人民政权，极大地增强了社会凝聚力，促进了社会秩序的稳定以及国民经济的恢复和发展。

为了打破国外封锁、快速实现工业化，1953 年，第一个五年计划实施，156 个重点建设项目启动，重工业的发展成为首要任务。古老的农业国开始探索现代工业强国之路。

▲“努力完成第一个五年建设计划”特种邮票，全套18枚，图为其中6枚

随着“一五”计划的实施，很多工矿企业都出现了技工短缺现象。由此，国家开始建立有计划培养后备技术工人的制度，技工学校拉开了大发展的序幕。新中国成立之初，广袤的中华大地上只有少数几所技工学校。到1959年，全国技工学校发展到744所，在校生28万人。从1949年到1959年，全国技工学校毕业生共20余万人，培训企业技术工人800万人次，他们成为产业工人队伍的主体。

统计显示，“一五”期间，我国工农业总产值平均每年递增11.9%，工业建设和生产所取得的成就远远超过了旧中国的一百年。变化的数字，彰显着技工教育的能量，诉说着技工教育的贡献。

新中国成立后的两次劳动模范评选中，重视技术革新和发明创造是一条始终如一的标准。中国共产党以最高规格表彰劳模，激励更多劳动者学习技能、立足岗位作出贡献。

为了更好地提高工人钻研技术的积极性，“八级工资制”登上历史舞台。

在那个年代里，“八级工”是顶级工匠的代名词，是一个让人羡慕的身份，是工厂的标杆人物，代表着高技术和高收入，备受推崇与尊敬。

在国家的重视和激励下，技能人才强烈的自豪感交织着建设新国家的巨大喜悦，以甘于奉献、勇于牺牲的劳动热情汇聚成一股无穷的力量，革新着社会的面貌。新中国到处是蒸蒸日上、欣欣向荣的景象。

在这一章中，同学们将了解新中国工业建设的历史背景和取得的巨大成就，感悟在艰苦奋斗的年代里，技术工人在追求民族富强、工业强国过程中所展现出的甘于奉献、勇于牺牲的伟大精神。一代人有一代人的使命，一代人有一代人的担当。新中国的技术工人将赤诚的青春与热血挥洒在祖国辽阔的土地上；相信新时代的你们会接续奋斗，为全面建成社会主义现代化强国作出贡献。

本章关键词：新中国工业建设　“一五”计划　新中国“第一”　八级工资制　劳动模范

【背景链接】

1949 年 10 月 1 日，毛泽东在天安门城楼上向全世界庄严宣告：“中华人民共和国中央人民政府今天成立了！”中华人民共和国成立，中国历史进入了新纪元。面对新中国百废待兴的局面，新生的中央人民政府以高瞻远瞩的姿态描绘了一幅国家工业化的蓝图，提出稳步地变农业国为工业国，发展工业以实现独立富强。

新中国成立后，中央人民政府即着手恢复孱弱的旧工业经济，使包括工业经济在内的国民经济得以恢复。工业经济的元气复苏，为此后大规模的工业化打下了良好的基础。1952 年，中共中央发出《关于编制一九五三年计划及五年建设计划纲要的指示》。这是新中国首次制定中长期国民经济与社会发展计划。在复杂形势和巨大困难下，计划边制定、边实施、边修正，直到1955年7月，全国人大一届二次会议审议通过了“一五”计划。

“一五”计划的基本任务：集中主要力量进行以苏联帮助我国设计的156个建设项目为中心的、由限额以上的694个建设单位组成的工业建设，建立我国的社会主义工业化的初步基础；发展部分集体所有制的农业生产合作社，并发展手工业生产合作社，建立对农业和手工业的社会主义改造的初步基础；基本上把资本主义工商业分别纳入各种形式的国家资本主义的轨道，建立对于私营工商业的社会主义改造的基础。

“一五”期间，以重工业为主的工业基本建设是计划的中心，新中国启动了前所未有的大规模工业化。苏联帮助我国设计的156个建设项目中，“一五”时期共开工147个，除1个轻工业项目和2个医药工业项目外，其余144个项目均分布在各重工业部门。

“一五”计划156个建设项目需要大量技术工人。为此，劳动部门和各产业部门根据生产发展的需要采用多种方法组织兴建了一批规模较大、设备较好的技工学校。

1957年底，“一五”计划超额完成。工业总产值超过原计划的21%，比计划初增长128.5%。产业结构发生新的变化，重工业比重由26.4%提高到48.4%。钢产量、煤产量、发电量均有大幅增长。

“一五”计划改变了旧中国重工业过分落后的面貌以及不合理的布局。在“一五”计划项目中，一大批旧中国没有的工业部门一个个建立起来，填补了新中国工业的空白，如长春第一汽车厂、武汉重型机床厂、洛阳拖拉机厂、富拉尔基重机厂等，其产品均为近代中国所不能制造或无法批量生产的。5年间，新中国第一辆汽车、第一台喷气式飞机陆续诞生。技术工人们你追我赶，用艰苦奋斗谱写了一曲新中国社会主义建设的奉献之歌。

学习任务

◎ 学习劳模 励志笃行 ◎

新中国成立初期，百废待兴。在从农业大国向工业大国转型的过程中，新中国无数个“第一”的背后都活跃着广大技工学校毕业生的身影，他们甘于奉献、勇于牺牲的劳动精神汇聚成一股无穷的力量，革新着社会的面貌。

在这个任务中，我们将一起经历新中国建设初期的困难，见证技工教育的贡献，感悟劳模精神。通过这些学习任务，你将会发现：千千万万的技术工人是新中国工业化建设的英雄，是从零到一的坚实基础，技工学校正是培养他们的摇篮；劳模精神是技能人才的共同特质，我们技工学校学生必须学习和发扬光大。

▲ 1956 年生产下线的我国第一辆汽车

【任务准备】

1. 课前分组

学生分为“勇创第一”“争创一流”“劳模精神”“当代劳模”四组，搜集相关信息，并确定一名代表准备做课堂展示（时间 3~5 分钟）。

（1）“勇创第一”组：搜集教材中关于新中国“第一”的相关信息，针对已有的产品，搜索相关技能人才、主要贡献等。

（2）“争创一流”组：搜集教材内容以外新中国“第一”的相关信息，包括但不限于产品名称、相关技能人才、主要贡献等。

（3）“劳模精神”组：搜集教材中关于劳动模范的相关信息，针对已有的人物和事迹，搜索工种、主要事迹与主要贡献等。

（4）“当代劳模”组：搜集教材内容以外当代劳模的相关信息，包括但不限于人物姓名、工种、主要事迹与贡献等。

2. 素材准备

各小组搜集的图片、视频短片，制作的演示文稿，本校校徽和校训等。

3. 视频资料

本校宣传视频。

【任务实施】

1. 感受历史

阅读本章第一部分“破解失业抓训练”，回答以下问题。

（1）新中国建设初期，我们面临着哪些困难，请从课文中找出关键词。

（2）为破解失业难题，人民政府采取了哪些办法，请圈出关键词。

生产自救　还乡生产　发放救济金　转业训练　介绍就业

以上哪一个关键词与技工学校最紧密相关？________________

（3）在新中国的建设初期，职业培训的作用有哪些？请至少归纳三点。

2. 见证发展

> 培养技术人才，是我们国家根本之图。
>
> ——毛泽东

（1）阅读本章第二部分“广育人才促建设”，找一找课文中提到了哪些新中国“第一”，并填写下面的表格。

产品名称	诞生时间	相关技能人才

（2）请“勇创第一”组选定一名代表，展示小组研究成果。

思考：在这些新中国“第一”诞生的背后，有着哪些人奋斗的身影？

____

通过他们的展示，除了以上新中国“第一”外，你还知道了哪些新中国“第一”，请填写下面的表格。

产品名称	诞生时间	相关技能人才

（3）请“争创一流”组选定一名代表，展示小组研究成果。

从以上展示中，你发现的共同点：______________________

____

（4）写一写令你印象最深刻的一项新中国“第一”。

令我印象最深刻的一项新中国“第一”是：______________

诞生时间：__________ 诞生地点：______________

参与的技能人才：____

____

面对的主要困难：____

____

诞生过程：____

____

____

____

3. 学习劳模

（1）请“劳模精神”组选定一名代表，展示小组研究成果。

通过他们的展示，你知道了哪些劳模，请填写下面的表格。想一想，在这些劳模身上展现出了怎样的精神，试着在表格中写下关键词。

姓名	工种	事迹和贡献	关键词

（2）对于劳模精神，令你印象最深刻的词语是____________________

劳模精神：

爱岗敬业、争创一流，艰苦奋斗、勇于创新，淡泊名利、甘于奉献

（3）请“当代劳模”组选定一名代表，展示小组研究成果。

通过他们的展示，你知道了哪些当代劳模（身边的劳模），请你将印象最深的人物姓名、工种、工作单位及其事迹和贡献记录下来。

4. 励志笃行

（1）观看本校宣传片，回答问题。

你就读的技工院校是在何种历史背景下诞生的？请在以下词语中圈出能够代表当时背景的关键词，并填空。

新中国初期　高速发展　改革开放　人才紧缺　地方经济　产业转型　产业升级　大力培养技能人才

我就读的技工院校是________年成立的______________________________，位于____________________。我学习的专业是____________________________。

（2）观察发现：请画出你就读学校的校徽，探索并写出其含义。

（3）请写出你就读学校的校训，并说一说它的含义。

（4）请列举一个身边的劳模（或优秀毕业生），谈一谈他 / 她身上的劳模精神，你将如何向他 / 她学习。

★学习收获★

围绕本章关键词，谈谈你有哪些收获，请记录下来。

我知道了：

让我感悟最深的：

对我以后的帮助：

◎ 劳模事迹学后感 ◎

敬劳模、爱劳模、争当劳模是技能人才成长之路上历久弥新的话题。技工院校的学生要从树榜样、学劳模开始做起。请你寻找身边的一位劳模并了解其事迹和贡献。（提示：可以寻找一位与你的专业领域相同或相近的劳模。）

你在接到这一任务后，首先确定这位劳模的基本信息，接着通过网络搜索对他 / 她的经历事迹做进一步的了解，搜集有关资料。

接下来，完成学后感。

学后感指引：

榜样劳模基本信息（这位劳模是谁）：

榜样劳模主要事迹（进一步介绍这位劳模）：

学习目的（为什么选这位劳模）：

怎么向这位劳模学习（怎么做）：

具体行动措施：

第三章

改革开放 飞跃发展

学习导引

【本章概览】

1978 年 12 月 18 日，风起云天，潮涌东方。中国共产党召开十一届三中全会，作出把党和国家工作中心转移到社会主义现代化建设上来、实行改革开放的历史性决策。改革开放是决定当代中国前途命运的关键一招，中国大踏步赶上了时代。与社会主义现代化建设同频共振，技工教育迈入了新的发展阶段。

随着改革开放的不断深入，社会对高技能人才的需求大幅增加，而工人队伍中的高级工严重不足，迫切要求技工学校提高办学层次。1990 年，山东在济南和烟台试办两所高级技工学校，标志着我国第一批高级技工学校正式诞生。随后，高级技工学校开始稳步发展。

2000 年 7 月，经过批准，常州市高级技工学校增挂“常州技师学院”牌子，成为我国第一所技师学院。此后，杭州技师学院、宁波技师学院、山东技师学院等先后成立。技师学院的成立，标志着我国技工教育又迈上一个新台阶，在高级技工培养方面发挥了重要作用。

▲ 1978 年常州市技工学校复校临时校址

▲ 1994 年常州高级技工学校成立典礼

▲ 2000 年常州技师学院揭牌仪式

进入 21 世纪，面对我国制造业发展对技能人才的迫切需求，技工教育被提升至国家战略高度。2003 年，全国人才工作会议明确提出，高技能人才是国家人才队伍的重要组成部分。截至 2010 年末，全国共有技工学校 2 998 所，在校学生 421 万人。我国构筑起技工学校、高级技工学校和技师学院相互衔接的院校体系。在数量庞大的技能人才支撑下，2010 年，我国制造业产出占世界的比重达到 19.8%，成为全球制造业第一大国。

在火热的社会主义建设中，到处都有着高技能人才的身影。

李斌，上海电气液压气动有限公司加工中心操作高级技师，毕业于上海液压泵厂技工学校。他刻苦钻研数控理论和操作技术，仅 2010 年以来，就带领团队完成新产品项目 102 项，申报专利 192 项，完成工艺攻关 350 项，设计专用工具、夹具 550 把，为企业创造效益超过 6 亿元人民币，为我国液压气动行业整体水平的提升作出了重要贡献。

徐立平，中国航天科技集团公司第四研究院 7416 厂高级技师，毕业于陕西航天技工学校。他为火箭发动机固体燃料药面进行“微整形”，徒手雕琢高能炸药，精度误差不超过 0.2 毫米，以满足运载火箭、导弹飞行的各种复杂苛刻要求。他为国铸箭，“当一道道光芒刺破暗夜飞入苍穹，璀璨星空都闪动着勇气与责任写就的诗行”。

…………

截至 2012 年底，我国拥有高级技师 113.9 万人、技师 531.9 万人、高级工 2 793.8 万人，高技能人才占技能劳动者的比例为 25.7%。沐浴在党和政府的关爱中，技艺精湛的大国工匠更加坚定爱国奋斗奉献之志，不断激发创新创业创造热情，创造出更加夺目的成绩，成为广大技能青年的学习榜样。我国的“技能人才森林”枝繁叶茂、蔚为壮观。

在这一章中，同学们会了解改革开放后技工教育的发展历程，特别是进入 21 世纪以后，技工教育在国家高技能人才队伍建设中的重要作用；也将认识许多中华技能大奖获得者和全国技术能手，了解他们为社会主义现代化建设拼搏奋斗的感人故事。现在，建设伟大祖国的接力棒已经交到了同学们手中，大家准备好了吗?

本章关键词：改革开放　高级技工学校　技师学院　高技能人才　中华技能大奖　全国技术能手

【背景链接】

1978 年 12 月 18 日，在北京罕见的大雪天里，具有划时代意义的党的十一届三中全会隆重召开，奏响了改革开放和社会主义现代化建设的春之序曲。以邓小平同志为主要代表的中国共产党人，团结带领全党全国各族人民，深刻总结我国社会主义建设正反两方面经验，借鉴世界社会主义历史经验，创立了邓小平理论，作出把党和国家工作中心转移到社会主义现代化建设上来、实行改革开放的历史性决策，深刻揭示社会主义本质，确立社会主义初级阶段基本路线，明确提出走自己的路、建设中国特色社会主义，科学回答了建设中国特色社会主义的一系列基本问题，制定了到 21 世纪中叶分三步走、基本实现社会主义现代化的发展战略，成功开创了中国特色社会主义。

1978 年，我国工业生产比 1977 年有较快增长。但是煤炭、电力等仍然不能满足国民经济发展的需要；全国重点企业主要工业产品质量指标有 43% 未恢复到历史最好水平；燃料、动力和原料、材料消耗指标，有 55% 未恢复到历史最好水平；全国工业系统的全民所有制企业中，还有 24% 的企业存在不同程度的亏损；一部分工业产品品种、规格不对路，质量不合格，形成积压。

1979 年 4 月，中央工作会议正式提出“调整、改革、整顿、提高”的方针，决定从 1979 年起，用 3 年时间坚决地、逐步地把各方面严重失调的比例关系调整过来。到 1982 年底，长期存在的积累率过高和农业、轻工业严重落后的状况有了明显变化。1978—1988 年，工业增加值由 1 607 亿元增长到 5 777 亿元，按可比价计算年均增长速度达 10.9%。到 1990 年，许多关系国计民生的重要产品产量跃居世界前列。

伴随进一步深化改革以及现代企业制度的建立，我国经济增长质量逐步提高，工业经济逐步由粗放型向集约型转变。1989—2001 年，工业产品的增长仍保持了较快的势头。但这一时期的增长已不同于过去粗放型的增长，其明显的特点是产品的结构性矛盾越来越突出，产品结构调整和升级换代加快。

1990 年我国制造业占全球的比重为 2.7%，居世界第九位；2007 年达到 13.2%，居世界第二位；2010 年进一步提高到 19.8%，跃居世界第一，自此连续多年稳居世界第一。工业经济实力的迅速壮大，为中华民族实现从站起来、富起来到强起来的历史性飞跃作出了巨大贡献。

学习任务

◎ 技能成才　强国有我 ◎

改革开放四十余年，中华大地发生了翻天覆地的变化，建立了全世界最完整的现代工业体系，成为全球第二大经济体、全球制造业第一大国。我们用几十年时间走完了发达国家几百年走过的工业化历程。科技创新和重大工程捷报频传，基础设施建设成就显著。信息畅通、公路成网、铁路密布、高坝矗立、西气东输、南水北调、高铁飞驰、巨轮远航、飞机翱翔，天堑变通途。在自强不息的中国人民手中，不可能成为可能。

艰难困苦，玉汝于成。在这个任务中，我们将一起回望从改革开放到21世纪初的历史画卷，聆听那一首首气壮山河的奋斗赞歌，共同见证爱国、勤劳、智慧的劳动者创造的人间奇迹。通过这些学习任务，你将会发现：美好生活是奋斗出来的；广大技术工人是社会主义建设的主力军，各条战线上英雄辈出、群星璀璨；高技能人才就在我们身边，有大赛大奖的获得者，也有默默无闻的优秀毕业生。你是否也想像他们一样，成为祖国建设一线光荣的奋斗者？只要你立志成才、勤学苦练、深入钻研，不断提高技术技能水平，终有一天，你也会成为梦想中的自己。

▲“一把刀”耿家盛

▲“蓝领科学家”王军

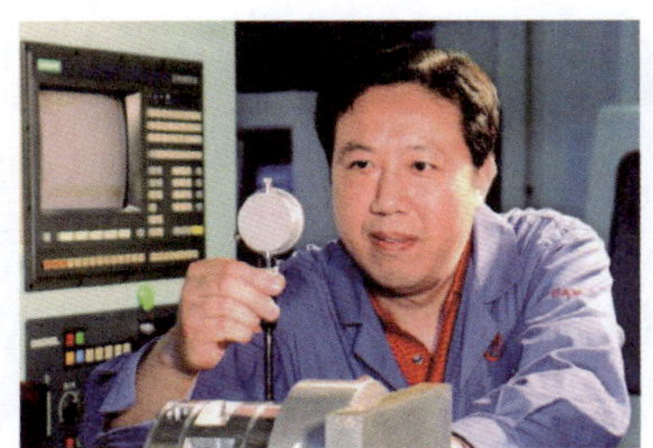

▲“革新高手”鲁宏勋

▲“精度传奇”徐强

▲“知识型新型工人”巨晓林

▲“石化工匠”张恒珍

▲“一钩准”许振超

▲“兵器大工匠”赵晶

▲“战机打磨师”方文墨

▲“火药雕刻师”徐立平

▲“机床魔法师”游洪建

▲“动车医生”刘波

【任务准备】

1. 课前分组

学生分为“爱岗”“敬业”“勤业”“创业”四组，搜集相关信息，并确定一名代表准备做课堂展示（时间3~5分钟）。

（1）“爱岗”组：搜集全国第一批高级技工学校和第一所技师学院，以及你所在省（市）的一所技师学院的相关信息，包括学校名称、所在城市、成立时间等信息。

（2）“敬业”组：在第二章学习任务的基础上，继续搜集你所在学校的基本信息，包括学校办学层次（技工学校/高级技工学校/技师学院）、主要专业，并检索与你所学专业相关的校企合作企业的信息，包括企业名称、所属行业等。

（3）“勤业”组：搜集教材中提及的高技能人才的相关信息，根据已知的人物名字，搜索工种、工作单位、主要事迹和贡献等信息。

（4）“创业”组：搜集教材中未提及的5~10名中华技能大奖获奖者信息（最好从事的是与你所学专业相关的工种），包括人物姓名、工种、主要事迹和贡献等。

2. 素材准备

各小组搜集的图片、视频短片，制作的演示文稿，合作企业简介等。

3. 视频资料

合作企业宣传视频。

【任务实施】

1. 回望历史

阅读本章第一部分“壮阔大潮踏浪行”，回答以下问题。

（1）改革开放是在哪一年、哪一次会议上提出的？

____

____

____

（2）这一次会议作出了哪两项历史性决策？

____

____

（3）尝试分析此次会议的历史意义（可从经济、政治、文化等多个角度阐述）。

____

____

____

____

____

____

2. 见证发展

> 工人阶级要为实现四个现代化作出优异贡献。
>
> ——邓小平

（1）请“爱岗”组选定一名代表，展示小组研究成果。

	中国第一批 高级技工学校	中国第一所 技师学院	你所在省（市）的 一所技师学院
学校名称			
所在城市			
成立时间			

（2）请“敬业”组选定一名代表，展示小组研究成果。

我就读的学校名称是________________，这是一所______________（技工学校 / 高级技工学校 / 技师学院）。我们学校的主要专业有________

____

____

我学习的专业：____

我为什么选择这个专业：____________________________________

____

____

我最期待上的专业课：______________________________________

我希望实习的企业：____

我以后想从事的工作：______________________________________

3. 学习楷模

（1）请“勤业”组选定一名代表，展示小组研究成果。

通过他们的展示，你知道了哪些高技能人才？填写下面的表格。想一想，在这些高技能人才的身上展现出哪些共同的职业精神，试着在表格中写下来。

姓名	工种	工作单位	主要经历与突出贡献	职业精神

（2）请“创业”组选定一名代表，展示小组研究成果。

通过他们的展示，你还知道了哪些中华技能大奖获奖者？请你将印象最深的人物姓名、工种、工作单位及其主要事迹和贡献记录下来。

4. 任重道远

（1）观看校企合作企业宣传片，回答以下问题。

本专业的校企合作企业有____，这些企业所属行业是__________________________，主要是生产（提供）__________（产品/服务）。你毕业后的工作岗位是__________。

（2）选择一家合作企业，了解这家企业的企业文化，并谈一谈你的理解。

（3）发现一位身边的榜样，可以是已经毕业的学长，也可以是你认识的人，说一说他 / 她身上展现的职业精神，以及你将如何向他 / 她学习。

★学习收获★

围绕本章关键词，谈谈你有哪些收获，请记录下来。

我知道了：

让我感悟最深的：

对我以后的帮助：

课后实践

◎ 我的未来不是梦 ◎

我们都会规划自己的人生目标，或远，或近。有了目标就有了前行的方向。一个人如此，一个国家也是如此。

观看纪录片《五年规划》，了解我国如何通过一幅幅治国蓝图，从一穷二白的国家，成长为全球第二大经济体，全面提升人民福祉，推进社会全面发展。

未来是一个五年接着又一个五年。每一个人的未来，汇集而成的就是中国的未来；每一个人的梦想，汇聚而成的就是中国梦。

请你畅想未来，尝试制定属于你自己的“五年规划”。

五年后的我：

为了成为这样的人，我的目标与计划（可分为短期、中期、长期，分别列出目标与计划）：

第四章

非凡十年　技能闪耀

学习导引

【本章概览】

党的十八大以来，着眼中华民族伟大复兴的战略全局和世界百年未有之大变局，以习近平同志为核心的党中央从实现“两个一百年”奋斗目标的战略高度，明确了制造业在国民经济和中华民族伟大复兴中的战略地位，指出“制造业是国家经济命脉所系”。从“嫦娥”奔月到“祝融”探火，从“北斗”组网到“奋斗者”深潜，从港珠澳大桥飞架三地到北京大兴国际机场凤凰展翅，重大科技成就、大国重器、超级工程不断涌现，中国制造、中国创造、中国建造深刻改变着中国的面貌。

“技能人才是支撑中国制造、中国创造的重要力量”“大力发展技工教育”“工业强国都是技师技工的大国”“要大力培育支撑中国制造、中国创造的高技能人才队伍”……培养造就更多高技能人才，能为全面建设社会主义现代化国家提供有力人才保障和坚实技能支撑。新阶段新征程，技工教育再次迎来新的使命。

2013 年 5 月 4 日，习近平总书记同各界优秀青年代表座谈时，亲切勉励我国参加世界技能大赛摘取银牌、实现奖牌零的突破的焊接项目选手、中油一建技校毕业生裴先峰：“你通过奋发努力，成就的青春事业与党和国家的事业、人民的事业高度契合，这样事业的光谱就更广阔，能量也会更强。”温暖的话语，传递出清晰的信号，极大地鼓舞了广大青年走技能成才之路的信心。

建筑石雕“筑”出世界冠军，拧螺丝“拧”成全国劳模，手持焊枪登上国际大赛领奖台，身怀绝技绝活可拿百万年薪……技能不断演绎精彩人生故事，技工教育成为广大青年实现人生梦想的重要途径。

▲ 2019年第45届世界技能大赛开幕式现场

百年岁月，薪火相传。一百多年前，在民族危难之际，第一所技工学校诞生；一百多年后，自强不息、勇于拼搏的中国技能青年，已经站在世界技能舞台的中央。这一路，技工教育从无到有、从弱到强，在祖国工业腾飞的路上，矢志不渝、砥砺前行。

站在实现第二个百年奋斗目标的历史起点上，遥望未来，技工教育将继续为全面建设社会主义现代化国家提供高素质技能人才支撑，广大技工院校将继续作为培育大国工匠、能工巧匠的重要载体，培养数以万计的新型技能人才。

青年强，则国家强。同学们，你们这一代青年生逢其时，施展才干的舞台无比广阔，实现梦想的前景无比光明。期待你们将个人理想追求融入党和国家事业之中，走上技能成才、技能报国之路，以矢志创新的勇气、敢为人先的锐气、蓬勃向上的朝气，立足岗位、努力奋斗，在全面建成社会主义现代化强国的新征程中建功立业、成就梦想！

本章关键词： 中华民族伟大复兴　大力发展技工教育　技能成才　技能报国　高技能人才　大国工匠　劳模精神　劳动精神　工匠精神　世界技能大赛

【背景链接】

党的十八大以来，我国制造大国的地位进一步巩固，实现迈向制造强国的历史性跨越。从2012年到2021年，工业增加值从20.9万亿元增长到37.3万亿元，年均增长6.3%；制造业增加值从16.98万亿元增长到31.4万亿元，占全球比重从20%左右提高到近30%。制造业规模稳居世界第一。500种主要工业产品中，我国有四成以上产品的产量位居世界第一。

在产业体系方面，我国拥有41个工业大类、207个工业中类、666个工业小类，产业链、供应链韧性和竞争力持续提升。部分领域智能制造处于国际先进水平，高技术制造业和装备制造业占规模以上工业增加值比重分别从2012年的9.4%和28%提高到2021年的15.1%和32.4%。

“嫦娥”奔月、“祝融”探火、“北斗”组网、港珠澳大桥飞架三地……一项项大国重器、超级工程的背后，都凝结着各行各业技能人才的智慧与汗水。

截至2021年底，全国技能人才总量超过2亿人，高技能人才超过6 000万人。这些技能人才是我国人才队伍的重要组成部分，是支撑中国制造、中国创造的重要力量，对实现产业转型升级、推动经济高质量发展具有重要作用。

2021年8月，人力资源社会保障部、国家发展改革委、财政部印发《关于深化技工院校改革　大力发展技工教育的意见》。文件明确了深化技工院校改革、促进技工教育实现高质量发展的目标任务：健全完善现代技工教育体系，服务制造业和实体经济发展，扩大高技能人才培养规模，提高人才培养质量，将技工院校发展成为开展学制教育和职业培训服务技能人才成长的重要平台、中国特色现代职业教育体系的重要组成、构建技能型社会建设的重要载体。

2021年11月，人力资源社会保障部印发《技工教育“十四五”规划》，提出到2025年，技工院校发展成为开展学制教育和职业培训服务技能人才成长的重要平台、现代职业教育体系的重要组成、构建技能型社会建设的重要依托。

2022年3月，“新八级工”职业技能等级序列出台，这是关乎全国2亿技能劳动者的新人才评价制度。“新八级工”将原有的五级技能等级延伸为八级——学徒工、初级工、中级工、高级工、技师、高级技师、特级技师、首席技师，进一步拓宽技能人才发展晋升通道，提高其待遇水平，打破其成长“天花板”。

2022年4月20日，十三届全国人大常委会第三十四次会议通过新修订的《中华人民共和国职业教育法》，自5月1日起施行。其中第三条规定，职业教育是与普通教育具有同等重要地位的教育类型，是国民教育体系和人力资源开发的重要组成部分，是培养多样化人才、传承技术技能、促进就业创业的重要途径。

学习任务

◎ 技能报国　逐梦启航 ◎

党的十八大以来，我国实施创新驱动发展战略，处在新的历史方位的技工教育又一次被赋予了光荣使命。在不断壮大的技能人才大军的助力下，我国从“制造大国”向“制造强国”跃升迈出坚实的步伐。一系列重大科技成就、大国重器、超级工程涌现，中国制造、中国创造、中国建造深刻改变着中国的面貌。

在这个任务中，我们将一起探寻大国重器背后的故事，认识更多高技能人才和大国工匠，了解我国技能青年在世界技能大赛上取得的优异成绩。你将会明白：人生因奋斗而精彩，青春因梦想而美丽。作为新时代中国青年的你们生逢其时，施展才干的舞台无比广阔，实现梦想的前景无比光明。劳动创造美好生活，技能成就精彩人生。只要肯学肯干肯钻研，练就一身真本领，掌握一手好技术，将个人理想追求融入党和国家的事业之中，走上技能成才、技能报国之路，你们就一定能以一技之长绽放青春风彩、成就精彩人生！

▲ 神舟十四号航天员乘组在轨拍摄的照片

【任务准备】

1. 课前分组

学生分为“神舟”“蛟龙”“北斗”三组，搜集相关信息，并准备做课堂展示。

（1）“神舟”组：搜集近10年来我国高端制造领域大国重器的相关信息，包括但不限于它们的名称、制造单位、重大价值等（提示：如航空航天装备、海洋工程装备、先进轨道交通装备等）。课堂展示时，由组长做整体介绍，每一名组员介绍一件大国重器，每位发言时间1~2分钟。

（2）“蛟龙”组：搜集世界技能大赛的相关信息，包括但不限于世界技能大赛基本信息、历届比赛我国获得奖牌的项目数、获奖选手事迹等。课堂展示时，由组长做整体介绍，每一名组员介绍一位世界技能大赛选手，每位发言时间1~2分钟。

（3）“北斗”组：搜索中国共产党第二十次全国代表大会报告中关于“青年”“大国工匠”“高技能人才”“制造业”“制造强国”“创新”的表述，制作一个学习摘要。课堂展示时，由组长做整体介绍，每一名组员分享一条学习内容，每位发言时间1~2分钟。

2. 素材准备

各小组搜集的图片、视频短片，制作的演示文稿等。

3. 视频资料

中央电视台纪录片《大国重器》第二季第一集片段。

【任务实施】

1. 技能探秘

（1）观看《大国重器》纪录片片段，回答以下问题。

1）纪录片里介绍了哪一种大国重器？ ________________________

2）令你印象最深刻的镜头 / 情节：________________________________

____

____

（2）阅读本章第四部分“逐梦起航新征程”中 C919 背后的高技能人才的故事，并通过网络搜索了解更多关于 C919 的信息。请你想一想，一架大飞机是如何诞生的，并尝试完成下面的思维导图。

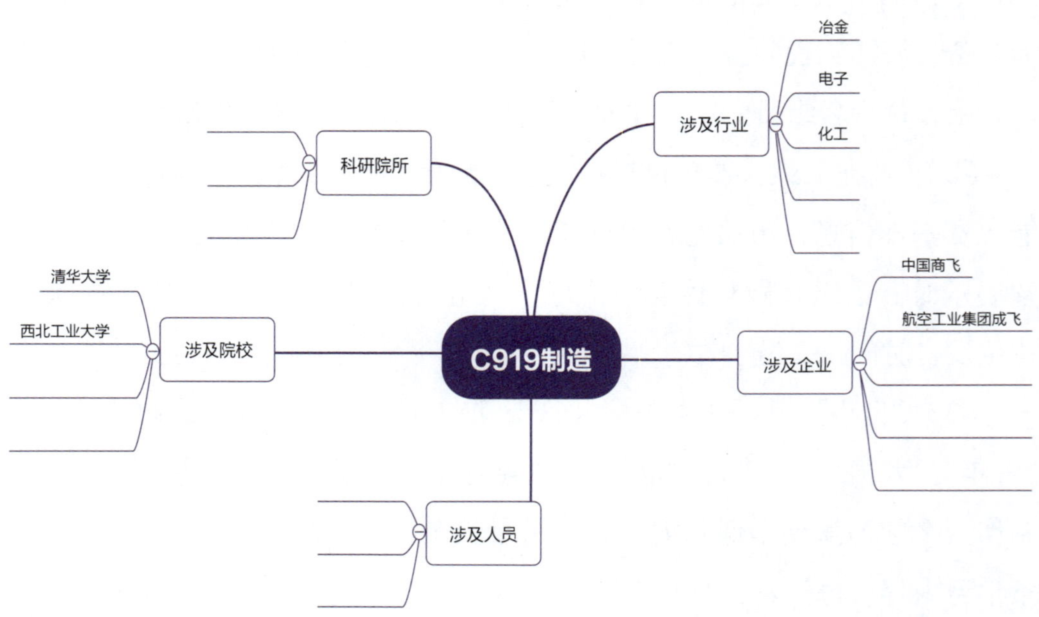

（3）请你找一找，课文中提到了哪些大国重器。

（4）请“神舟”组展示小组研究成果。通过他们的展示，你还知道了哪些大国重器。

2. 走近世赛

（1）阅读教材，填写下面的空格和表格。

world skills international

世界技能大赛是最高层级的职业技能赛事，每____年举行一届，其竞技水平代表了各领域职业技能发展的世界先进水平，被誉为“____________”。我国于______年____月正式加入世界技能组织后，连续参加世界技能大赛，竞赛成绩连年突破，屡创新高。

参赛时间	第几届大赛	比赛地点	参赛人数	金牌项目数	银牌项目数	铜牌项目数	优胜奖项目数	合计
2011 年	第 41 届	英国伦敦	6	0	1	0	5	6

（2）请“蛟龙”组展示小组研究成果。通过他们的展示，你知道了哪些世界技能大赛选手，填写下面的表格。

第几届世赛	比赛项目	获奖选手	所获奖项

3. 青年立志

> 广大青年要坚定不移听党话、跟党走，怀抱梦想又脚踏实地，敢想敢为又善作善成，立志做有理想、敢担当、能吃苦、肯奋斗的新时代好青年，让青春在全面建设社会主义现代化国家的火热实践中绽放绚丽之花。
>
> ——习近平总书记在中国共产党第二十次全国代表大会上的报告

（1）请“北斗”组展示小组研究成果。请在下面方框内，记录你的学习摘要。

（2）在 2022 年世界技能大赛特别赛上，河南化工技师学院的姜雨荷获得化学实验室技术项目金牌，实现该项目金牌零的突破。下面是她在人力资源社会保障部举办的“技能成才　技能报国”先进事迹报告会上的发言，请在后面的方框中写下你的读后感。

▲ 2022 年世界技能大赛特别赛化学实验室技术项目金牌获得者姜雨荷

我叫姜雨荷，今年 20 岁，老家在河南农村，父母都是农民。

2022 年 11 月 27 日，我荣获世界技能大赛特别赛化学实验室技术项目金牌，实现了我国该项目金牌零的突破。当我身披国旗登上领奖台，泪水夺眶而出，冲击金牌的过程历历在目。

初中毕业后，我踏上了南下打工之路。

因为缺乏知识和技能，只能干没有技术含量的工作，枯燥的打工生活让我一度开始怀疑人生。

这不是我想要的生活！我想重返校园，学门真技术，找个好工作，过上幸福生活。河南化工技师学院引领我踏上了技能求学路，彻底改变了我的命运。

走进技工院校，就像开启了惊喜的盲盒，我第一次知道了世赛，并见到了第 45 届世赛工业控制项目铜牌获得者、我的学长贺江涛，我立志也要成为他那样的人！

经过层层选拔，我入选了学校集训队，开启了三年半的征程。越努力越幸运，我一路过关斩将，从省赛、国赛，奔向世赛的舞台。

备赛时一个动作要重复成千上万遍，模拟测试更是家常便饭，每天训练都是十四五个小时。

春节别人都是和亲人团圆，而我却在实验室与瓶瓶罐罐相伴。比赛中，必须使用“化学滴定法”，关键时刻，单次滴入溶液量要精确到1/4滴，也就是0.01毫升，极轻微的手抖都会前功尽弃。

在一个月的集训中，我每天都坚持训练到凌晨2点。在奥地利比赛的第一天，面对从未见过的新题型和仪器设备，一时间我不知所措，但长期精益求精训练形成的肌肉记忆，让我迅速进入状态，最终圆满完成比赛。

一位著名作家说过：“一万小时的锤炼，是任何人从平凡变成世界级大师的必要条件。”粗略一算，这几年我的训练时间累计超过14 000小时，不知不觉中，我把“一万小时定律”从概念变成现实！

化学实验室技术项目要求选手独立撰写大篇幅、高质量的英文实验报告，这对很多本科生甚至研究生都是巨大的挑战。

初中毕业的我，几乎只记得26个字母，英语就像一座大山横亘眼前。在翻译老师的精心指导下，我一字一句啃起了“硬骨头”。随身携带单词本，吃饭时背、睡觉前背、走在路上继续背。

终于，我像愚公一样搬走了这座大山，在世赛特别赛上，以优异成绩完成了长达11页的英文实验报告！英文是母语的外国选手，现场也竖起了大拇指。

漫漫技能路上，我从来不是一个人在战斗，领导、专家、教练、亲人……把最无私的爱汇成强大温暖的光束，照亮我的人生，引领我走向技能成才、技能报国的广阔道路，让激昂的青春梦与伟大的中国梦相遇、相融！

我由衷感恩党和国家，感谢老师和亲人。身处一个“劳动光荣、技能宝贵、创造伟大”的时代，是多么幸运！

如今，我已成为学校最年轻的教师，我将向前辈和专家学习并不断提升，把世赛精神、工匠精神继续发扬在工作中，把大赛经历、训练经验分享给我的学生们，让更多学生热爱技能、学习技能、掌握技能，用技能实现人生梦想，用技能更好地回报国家与社会！

奋斗是青春最亮丽的底色。党的二十大报告中，将大国工匠、高技能人才列为国家战略人才力量。青年的我们，既是技工教育的受益者，更是技能中国的建设者。希望同学们坚定走技能学习之路，树立远大目标，直面挑战，勇于突破自己。

从来没有逆袭的天才，唯有奋斗不止的青春！

4. 逐梦启航

作为一名技能青年，你想成为怎样的人？你想从事哪一方面的工作？你的人生理想是什么？请在下面的方框中写下你人生梦想的关键词。

★学习收获★

围绕本章关键词，谈谈你有哪些收获，请记录下来。

我知道了：

让我感悟最深的：

对我以后的帮助：

课后实践

◎ 世赛榜样学与行 ◎

奥地利萨尔斯堡时间2022年11月27日下午，世界技能大赛特别赛奥地利赛区落下帷幕。奥地利赛区是2022年世界技能大赛最后一场比赛，至此，特别赛所有62个比赛项目全部结束。在此次世界技能大赛特别赛上，中国代表团共获得21枚金牌、3枚银牌、4枚铜牌和5个优胜奖，在金牌榜上名列第一。金牌数超越第45届世界技能大赛（参加全部56个项目）取得的历史最好成绩，金牌获奖率高达62%，参赛项目奖牌率高达97%，实现了新的突破。

在奥地利赛区的3天比赛中，中建五局高级技工学校伍远州获得砌筑项目金牌，实现中国队该项目的三连冠；上海第二工业大学朱珂、宁波技师学院蒋昕桦、河南化工技师学院姜雨荷分别获得货运代理项目、重型车辆维修项目、化学实验室技术项目金牌，为中国队在这三个项目上实现金牌零的突破。

请你从历届世界技能大赛获奖者中选择一位作为你的学习榜样，并回答以下问题。

榜样信息（这位榜样是谁）：

榜样事迹（进一步介绍这位大赛获奖者）：
学习目的（为什么选他 / 她作为榜样）：
学习计划（你打算怎么做）：

综合实践

◎ 我为自己代言 ◎

任务情境

王小龙同学是一位“00后”，目前正就读于某市一所技师学院。一年前，在家人的支持下，结合自己的兴趣，王小龙选择了该校的机械加工专业学习。一年下来，他用心学习专业技能，乐在其中。时值春节假期，小龙回到老家，在与兄弟姐妹和曾经的初中同学等亲朋好友几次聚会之后，他却多了一些烦恼。原来，对技工学校一知半解的亲戚、朋友，在听到他说起自己的学校和专业时，提出了不少问题——

读高中的表哥神情凝重地说：“不读高中、考大学，没有高学历，以后国家能重视吗？能找到好工作吗？”

准备出国的堂姐说：“我听说，技工学校的老师教学水平不行，学生也学不到什么东西，是这样的吗？”

初中毕业后跟父母学经商的同学小美说：“小龙我这样说你别介意，但我总是听家人说，在企业里的工人收入太低，赚不到什么钱。”

还在读小学的表弟好奇地问：“小龙哥，我和同学们现在都喜欢‘追星’，有很多还是学霸。你们技工学校出过什么名人、明星吗？”

就这样，大家你一言我一语，问得小龙哭笑不得。联想到自己当前所在的学校、专业和今后的打算，他又不知道怎样恰当地解释和回答。如果你是王小龙，你将如何通过摆事实、讲道理，解答这些问题，促使亲戚、朋友转变思想认识呢？

一、任务要求

请根据以上任务情境，结合你对技工教育的了解，帮助王小龙通过摆事实、讲道理，解答亲戚、朋友对技工教育的疑问，使他们对技工教育有正确、客观的认识。

请以小组为单位完成本任务。各小组应做好分工，保证每名成员都能参与其中。

二、任务分析

1. 王小龙的亲戚、朋友分别提出了哪些问题，分别透露出他们怎样的观点、态度呢？

序号	讲话人	提出的问题	透露的观点、态度
1	表哥		
2	堂姐		
3	小美		
4	表弟		

2. 请你根据对技工教育的了解，回答以下问题。

（1）我国技工教育诞生的历史背景是怎样的？

（2）在不同时期，工匠 / 技术工人为国家建设作出了哪些重要贡献？

时期	工匠 / 技术工人的重要贡献

（3）在不同时期，有哪些工匠 / 技术工人参与创造、制造的重要产品、成果？

时期	重要产品、成果

（4）在不同时期，出现了哪些工匠 / 技术工人典型代表人物？

时期	工匠 / 技术工人典型代表人物

3. 当前，作为一名技术工人，人生路径可以有哪些发展方向？请你梳理总结（可以思维导图形式展现）。

三、任务引导

1. 有了对技工教育发展历程、发展状况的整体把握，再看亲戚、朋友的问题和观点，王小龙该如何回应，来为自己“代言”呢？请你对照表格，陈述他发言的论点、论据。

序号	发言对象	王小龙的论点	王小龙的论据
1	表哥		
2	堂姐		
3	小美		
4	表弟		

2. 结合目前技工教育改革和发展的现状，以及亲戚、朋友提出的一系列问题，王小龙应该确立怎样的职业理想，制定怎样的技能成才规划？请你代他陈述。

3. 想一想：除了要回应问题、表达观点，王小龙在与亲戚、朋友对话时，在语气、态度上有什么需要注意的?

四、任务实施

根据“任务引导”中明确的内容，帮助王小龙完整地写出一份回应亲戚和朋友疑问、表达个人观点和态度的发言稿。小组成员先在下面的方框内独立整理完成，再通过讨论选定本小组的最佳文案，并借助大白纸或办公软件工整地写下来。

五、成果展示

1. 角色扮演

“任务实施”环节结束后，各小组选派角色，把亲戚、朋友与王小龙交流的过程表演出来。鼓励各小组进行有创意的表演。每组表演时间不超过10分钟。

角色分配：
环节设计：

2. 观察员评论

观察员仔细观察、记录本小组成员在表演过程中的表现，并在表演结束后作出客观点评。

序号	观察要点	本小组成员表现
1	展示操作（角色扮演是否合情理、有创意）	
2	团队意识（分工合作与沟通协调情况）	
3	语言表达（是否准确、流利、自信、生动）	
4	礼仪形象（是否大方、得体、有礼貌）	
5	时间观念（是否按时完成）	

3. 作品评分

<table>
<tr><th rowspan="2">评分项目</th><th rowspan="2">评分标准</th><th colspan="3">多元评价</th><th rowspan="2">评分结果</th></tr>
<tr><th>组内自评</th><th>组间互评</th><th>教师评价</th></tr>
<tr><td rowspan="3">发言内容（65 分）</td><td>1. 摆事实、讲道理，充分运用技工教育发展的历史和现状作为论据（25 分）</td><td></td><td></td><td></td><td></td></tr>
<tr><td>2. 在提到技工教育发展成果时，能够举出例子、列出数字（20 分）</td><td></td><td></td><td></td><td></td></tr>
<tr><td>3. 交谈中能够说出清晰、完整、目标具体的个人职业发展规划（20 分）</td><td></td><td></td><td></td><td></td></tr>
<tr><td>语气态度（15 分）</td><td>4. 在和亲戚、朋友的交谈中相互尊重、有礼有节、不卑不亢，不呈现负面情绪（15 分）</td><td></td><td></td><td></td><td></td></tr>
<tr><td rowspan="2">语言表达（15 分）</td><td>5. 逻辑清晰，没有语病（10 分）</td><td></td><td></td><td></td><td></td></tr>
<tr><td>6. 没有错别字，标点符号使用正确（5 分）</td><td></td><td></td><td></td><td></td></tr>
<tr><td>书写记录（5 分）</td><td>7. 手写字迹工整、书面整洁，或电子稿格式整齐规范（5 分）</td><td></td><td></td><td></td><td></td></tr>
<tr><td colspan="2">总分</td><td colspan="4"></td></tr>
</table>

说明：评分结果 = 组内自评（35%）+ 组间互评（35%）+ 教师评价（30%），满分 100 分。

六、评价反馈

1. 学生自评

（1）我在本次学习任务中主要做的工作有________________________

（2）我对自己在本次学习任务中表现的评价：

<table>
<tr><th rowspan="2">评价项目</th><th rowspan="2">评价指标</th><th colspan="4">评价等级</th><th rowspan="2">评价结果</th></tr>
<tr><th>优</th><th>良</th><th>中</th><th>差</th></tr>
<tr><td rowspan="4">课堂常规</td><td>1. 准时上课，不迟到、不早退、不旷课，有事请假</td><td></td><td></td><td></td><td></td><td rowspan="10"></td></tr>
<tr><td>2. 严格遵守课堂纪律，不睡觉，不玩手机</td><td></td><td></td><td></td><td></td></tr>
<tr><td>3. 主动思考，积极回答问题，认真书写、记录</td><td></td><td></td><td></td><td></td></tr>
<tr><td>4. 具有团队意识，积极主动参与小组活动</td><td></td><td></td><td></td><td></td></tr>
<tr><td>知识目标</td><td>5. 能够概述技工教育发展历程、发展现状，列举技能人才的代表人物、产品成果和重要贡献等</td><td></td><td></td><td></td><td></td></tr>
<tr><td rowspan="2">能力目标</td><td>6. 能够结合实际社交情境进行书面表达，撰写观点明确、有理有据、思路清晰的发言稿</td><td></td><td></td><td></td><td></td></tr>
<tr><td>7. 能够结合实际社交情境进行口语表达，包括与他人交谈、回应他人提问，清晰地表达出个人立场、观点</td><td></td><td></td><td></td><td></td></tr>
<tr><td rowspan="3">素质目标</td><td>8. 养成善于思考、脚踏实地、实事求是的工作作风</td><td></td><td></td><td></td><td></td></tr>
<tr><td>9. 具备端正的为人处世态度，面对他人的评价和质疑，诚恳朴实、不卑不亢、自信自强</td><td></td><td></td><td></td><td></td></tr>
<tr><td>10. 深入了解技工教育，热爱技能学习，树立技能成才、技能报国的人生理想</td><td></td><td></td><td></td><td></td></tr>
</table>

说明：优为90~100分，良为80~89分，中为60~79分，差为0~59分。最终“评价结果”为汇总各项得分的平均分。

2. 组内自评

在完成本次学习任务的过程中，你是否满意本小组的表现？请从小组分工、任务分析、任务引导、任务实施、成果展示等环节进行综合评价，说一说本小组成员的表现情况。

____

____

____

____

3. 组间互评

在完成本次学习任务的过程中，哪个小组表现最优秀，是名副其实的星级团队？请各小组结合实际作出客观、公正的评价。

星级团队：______________________________

理由：______________________________

____

4. 教师点评

最后，请记录教师对本次学习任务完成情况的总结评价：__________

____

____